¡Analízalo!

Torrey Maloof

Asesoras

Sally Creel, Ed.D.
Asesora de currículo

Leann Iacuone, M.A.T., NBCT, ATC
Riverside Unified School District

Créditos de imágenes: pág.19 (derecha) Huntstock/age fotostock; pág.14 (inferior) marco scataglini/age fotostock; pág.27 (superior) Blend Images/Alamy; pág.26 Blue Jean Images/Alamy; pág.21 (izquierda) Cultura Creative/Alamy; pág.12 GFC Collection/Alamy; pág.9 Juice Images/Alamy; pág.22 (izquierda) Martin Shields/Alamy; pág.32 OJO Images Ltd/Alamy; pág.23 Frontiersin.org; págs.10–11 xefstock/Getty Images; págs.6, 7 (superior), 8 iStock; págs.18–19 LOC_AGBell/Library of Congress; pág.22 (derecha) NATGEO; pág.4 World History Archive/Newscom; pág.5 (ambas) Science Source; pág.24 ER Degginger/Science Source; pág.17 Health Protection Agency/Science Source; pág.16 USGS; págs.28–29 J.J. Rudisill (ilustraciones); todas las demás imágenes cortesía de Shutterstock.

Teacher Created Materials
5301 Oceanus Drive
Huntington Beach, CA 92649-1030
http://www.tcmpub.com

ISBN 978-1-4258-4673-2

Contenido

Grandes preguntas

¿Es plana la Tierra? ¿Es realmente el centro del universo? ¿Qué hace que las personas se enfermen? ¿Cómo se cura una enfermedad? ¿Por qué los objetos caen a la Tierra? ¿Por qué caen a la misma velocidad incluso si no tienen el mismo tamaño?

Todas estas son preguntas que han sido formuladas y respondidas por los científicos.

Marie Curie estudia sustancias químicas en 1912.

Los científicos son **curiosos**. Hacen muchas preguntas. Quieren estudiar y aprender sobre el mundo que los rodea. Se toman el mundo en serio. Los científicos trabajan con cuidado para encontrar las respuestas a sus preguntas. Luego, comparten esas respuestas con el mundo.

Isaac Newton estudia el color y la luz en 1666.

Alexander Fleming estudia bacterias en 1928.

Cómo funciona

La ciencia se basa en los hechos. Los científicos pueden determinar si algo es verdadero o falso. ¡Y pueden demostrarlo! Lo hacen usando el **método** científico. Este es un conjunto de pasos que pueden ayudar a los científicos a responder preguntas.

Los científicos siempre comienzan con una pregunta. Este es el primer paso del método científico. Los científicos quieren saber por qué o cómo funciona algo. Cuando saben lo que quieren estudiar, piensan en una pregunta.

Luego, es posible que hagan una **investigación** para encontrar respuestas. Los científicos leen libros sobre el tema. Es posible que usen Internet. Buscan tanta información útil como puedan.

¡Investígalo!

Cuando tengas una pregunta,
¡investiga al respecto! Asegúrate
de tomar buenas notas. Registra
todo lo que aprendas sobre el tema.

Un científico prueba una hipótesis sobre plantas.

Lo que los científicos suelen hacer a continuación es plantear una **hipótesis**. La hipótesis es lo que los científicos consideran como la respuesta correcta a su pregunta. Es su mejor suposición. Los científicos invierten mucho tiempo y esfuerzo en este proceso. Piensan mucho al respecto. Revisan la investigación detenidamente. Usan la investigación para que los ayude a plantear su hipótesis.

Una buena hipótesis es una que se puede demostrar. Ese es con frecuencia el siguiente paso en el proceso. Los científicos deben demostrar si su suposición es correcta o incorrecta. ¡Aquí es cuando comienza la verdadera diversión!

¡Escríbelo!

Cuando tienes una pregunta, piensa en cuál sería la mejor respuesta. Esa es tu hipótesis. Recuerda, tu hipótesis debe ser una que se pueda comprobar.

Cuando piensas en un científico que hace un **experimento**, ¿qué ves? ¿Ves un laboratorio de ciencias? ¿Ves vasos de precipitado burbujeando? ¿El humo asciende por los tubos de ensayo? ¿Es un científico alguien con cabello alocado que usa anteojos de seguridad? La verdad es que hay muchas formas de hacer un experimento. Y no todas se parecen.

¡Piénsalo bien!

Cuando tengas una hipótesis, piensa en la mejor manera de saber si es correcta. Luego, ¡compruébala!

Los experimentos son pruebas. Los científicos hacen pruebas para aprender más sobre las cosas. Así, pueden comprobar si una hipótesis es correcta. Primero, eligen qué comprobar y cómo hacerlo.

Los científicos deben usar los cinco sentidos cuando hacen una prueba. Los sentidos son los medios por los que obtenemos la información. Estos son: el gusto, el olfato, el tacto, la vista y el oído. Los científicos usan los ojos para mirar con atención. Escuchan con atención con los oídos. Pero la mayoría de las veces, los cinco sentidos no son suficientes. Los científicos necesitan más herramientas.

Antes de hacer una prueba, reúnen los suministros. Las herramientas que necesitan variarán según la prueba. Eso dependerá de lo que estén estudiando.

Esta científica reúne los suministros antes de estudiar ratones en Sudáfrica.

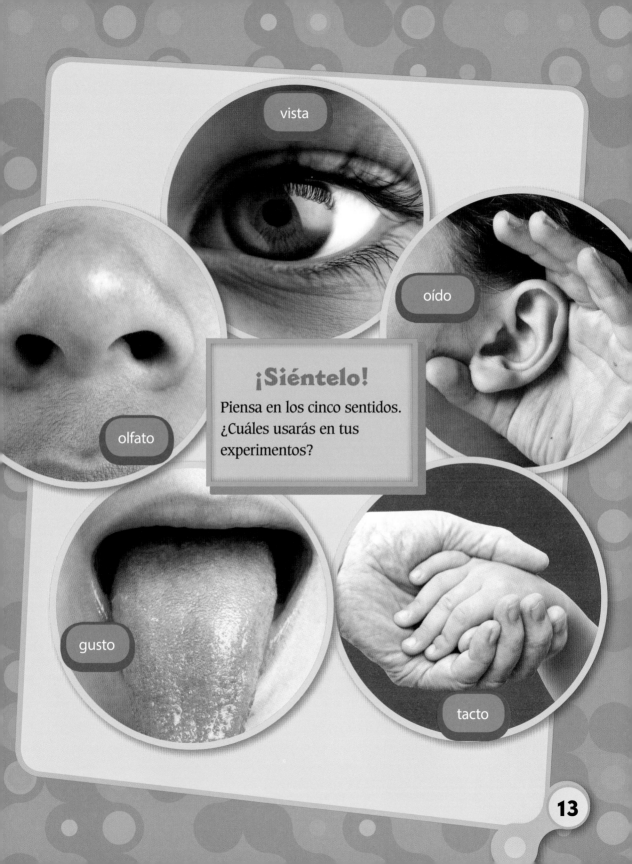

vista

oído

olfato

¡Siéntelo!

Piensa en los cinco sentidos. ¿Cuáles usarás en tus experimentos?

gusto

tacto

13

Un telescopio es una herramienta que algunos científicos usan para estudiar el espacio.

Los científicos usan muchas herramientas sofisticadas. Si están estudiando las estrellas, es posible que necesiten un telescopio. Es una herramienta que les permite ver muy bien el espacio. Si un científico va a estudiar algo tan pequeño como los insectos, necesitará herramientas diferentes. Es posible que necesite un microscopio. Esto hace que los objetos pequeños se vean más grandes.

Los científicos usan muchas herramientas básicas. Pueden usar cosas como cronómetros o relojes. Pueden usar tazas medidoras o reglas. Pueden usar una cámara para tomar fotografías. ¡Las herramientas de los científicos son infinitas!

Esta imagen se puede ver en un microscopio.

Una vez que los científicos tengan los suministros, es el momento de enumerar los pasos y comenzar la prueba. Los científicos hacen una lista de todos los pasos que seguirán antes de comenzar la prueba. Lo hacen para no olvidar los pasos ni cometer errores. Lo hacen también para que otros científicos puedan repetir el experimento. Esto es importante. Los científicos no saben si una hipótesis es correcta hasta que muchas personas hayan hecho la prueba para comprobarla.

Estos científicos estudian un volcán.

Los científicos son muy cuidadosos cuando hacen pruebas. Es posible que usen una bata de laboratorio para proteger la piel. O pueden usar gafas para proteger los ojos.

¡Ten cuidado!

Asegúrate de que un adulto te ayude con tus experimentos. ¡Verifica que tienes todos los equipos de seguridad que necesites!

bata de laboratorio

gafas

guantes

BIOHAZARD

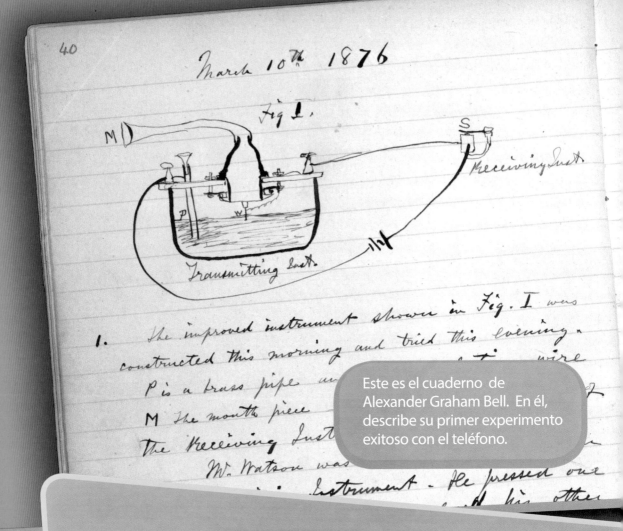

Este es el cuaderno de Alexander Graham Bell. En él, describe su primer experimento exitoso con el teléfono.

¡Regístralo y analízalo!

Los científicos toman notas durante sus pruebas. ¡Lo registran todo! Se aseguran de registrar muchos detalles. Es posible que hagan dibujos. O que hagan tablas y gráficos. Recopilan **datos**. Los datos son los hechos que descubren mientras hacen pruebas. Es posible que ingresen los datos en una computadora.

¡Organízate!

Piensa en cómo organizarás tus datos de manera que sean fáciles de leer y que tengan sentido para los demás.

Los científicos necesitan mantener sus datos claros y organizados. Así, otros científicos pueden leer los datos. Esto también los ayuda a **analizar** los datos. ¡Ese es el siguiente paso!

¿Qué significa analizar los datos? Significa pensar en todos los hechos. Los científicos observan los datos con atención. Buscan patrones. Buscan conexiones. Luego, llegan a una **conclusión**. Eso significa que observan para saber si su hipótesis es correcta.

Los científicos no siempre aciertan. En muchas ocasiones, se comprueba que una hipótesis es incorrecta. ¡Y está bien! Esa es una parte fundamental del proceso. Incluso si los científicos se equivocan, aprenden de la prueba. ¡Ahora, pueden plantear una nueva hipótesis y hacer más pruebas!

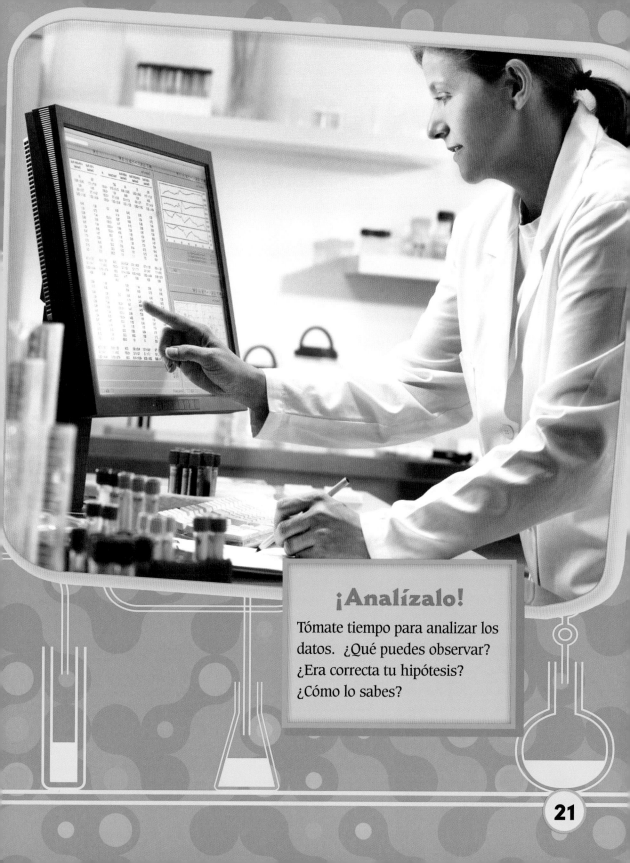

¡Analízalo!

Tómate tiempo para analizar los datos. ¿Qué puedes observar? ¿Era correcta tu hipótesis? ¿Cómo lo sabes?

¡Compártelo!

El último paso en tu método científico es compartir los **resultados**. Los científicos no hacen la prueba una sola vez. Hacen la misma prueba varias veces. Si obtienen los mismos resultados cada vez, entonces comparten la información con otros científicos. Comparten la lista de herramientas que usaron. Comparten los pasos que siguieron. Comparten los datos que recopilaron. Y comparten sus conclusiones.

Puedes aprender sobre los descubrimientos de los científicos en muchas revistas científicas.

Luego, otros científicos realizan la misma prueba. Si obtienen los mismos resultados, ¡la información se comparte con el resto del mundo!

Puedes revisar los descubrimientos científicos en sitios web como este.

¡Cuéntalo!

Cuéntale a un amigo sobre tus experimentos. Comparte toda tu información. Pide a tu amigo que haga los mismos experimentos. Consulta con tu amigo si obtuvo los mismos resultados.

Los científicos han hecho muchos descubrimientos geniales últimamente. Hicieron estos descubrimientos usando el método científico. Por ejemplo, un día, quizás puedas usar una capa de la invisibilidad, igual que Harry Potter. ¡Sí, de veras! Los científicos han encontrado una forma para hacer desaparecer objetos pequeños. Lo hacen doblando la luz.

Esta máquina dobla la luz.

Otro descubrimiento es la hormiga zombi. ¡Es de verdad! Primero, un hongo crece en una hormiga. (Un hongo es algo que come plantas y animales muertos). El hongo se apodera del cerebro de la hormiga. Luego, el hongo obliga a la hormiga a que le consiga un nuevo hogar. Entonces, la hormiga muere. ¿No es una locura?

¿Qué descubrimiento científico genial harás?

hormiga zombi

Los científicos estudian los cerebros de los animales para aprender más sobre el cerebro humano.

Piensa como un científico

    ¡Los científicos nunca dejan de pensar! Hacen preguntas y buscan las respuestas. Siempre están aprendiendo. Pasan la mayor parte del tiempo estudiando. Investigan. Hacen pruebas. Analizan datos. Los científicos trabajan duro para ayudarnos a entender el mundo.

Si supiéramos qué es lo que estamos haciendo, no lo llamaríamos investigación, ¿verdad?

—Científico
Albert Einstein

Algunos experimentos son sencillos. Algunos experimentos son complejos. Unos implican pocos pasos. Otros tienen muchísimos. Hay algunas pruebas que requieren muchos materiales. Otras, solo unos pocos. Pero todos los científicos utilizan el método científico. ¡Y cualquiera que use estos métodos puede ser un científico!

¡Hagamos ciencia!

¿Cómo puedes usar el método científico para aprender sobre las plantas? ¡Obsérvalo por ti mismo!

Qué conseguir

- ○ colorante rojo de alimentos
- ○ cuchillo
- ○ tallos de apio con hojas
- ○ un vaso con agua hasta la mitad

Qué hacer

1   Agrega unas gotas de colorante de comida al agua.

2   Pide a un adulto que use un cuchillo para cortar la base de los tallos de apio. Coloca algunos de los tallos en el agua.

3   Ahora, observa con atención el apio durante los próximos días. Recuerda tomar notas detalladas y hacer dibujos.

apio verde crujiente jugoso

con hojas gomoso

4   Después de algunos días, retira el apio. Córtalo en trozos. Estudia el apio en detalle. ¿Qué ves? Analiza tus datos. Saca una conclusión. Repite la prueba. Luego, comparte tus descubrimientos con amigos.

analizar: estudiar algo con atención y cuidado

conclusión: el conocimiento que se adquiere después de mucho pensar e investigar

curiosos: que tienen el deseo de saber más sobre algo

datos: información usada para analizar algo

experimento: una prueba científica en la que se realizan y observan una serie de acciones para aprender acerca de algo

hipótesis: una idea que se puede probar

investigación: el estudio cuidadoso que se realiza para aprender sobre algo

método: la manera de hacer algo

resultados: algo causado por otra cosa que sucedió o se produjo con anterioridad

Índice

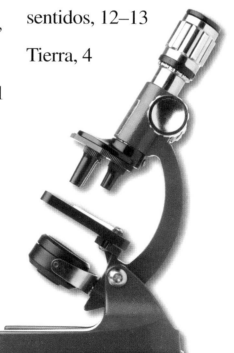

Mi experimento

Imagina que eres un científico famoso. Tienes acceso a las herramientas científicas más geniales del mundo. ¿Qué estudiarías? ¿Qué pruebas harías? ¿Qué intentarías demostrar y cómo? Escribe un párrafo y haz dibujos relacionados con tu experimento.